PEINTURE

SUR

PORCELAINE

DÉCORATION ET IMPRESSION

DE TOUTES LES COULEURS D'UN SEUL COUP

SUIVIE

DE LA PEINTURE SUR VERRE

ÉMAIL, STORES, ÉCRANS, MARBRES,

ET DE

L'ART D'EXÉCUTER LA VITRAU-MANOTYPIE

OU MANIÈRE DE FAIRE SOI-MÊME LES VITRAUX FACTICES,

PAR CASIMIR-LEFEBVRE,

Artiste-Peintre, Dessinateur, Professeur, breveté,

Mention honorable et Médailles d'argent pour les impressions.

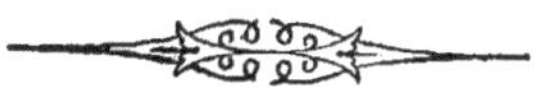

PARIS.

DESLOGES, 4, RUE CROIX-DES-PETITS-CHAMPS

—

1858.

TABLE DES MATIÈRES.

Paris. — Impr. de Pommeret et Moreau, 42, rue Vavin.

AVANT-PROPOS.

L'impression sur porcelaine est depuis fort longtemps l'objet d'études sérieuses de la part des professeurs, amateurs et artistes qui s'occupent de céramique ; pourtant nul d'entre eux n'a pu jusqu'ici en arriver à imprimer plus d'une seule couleur, et encore cette décoration pauvre et sans nul effet n'offre aucun attrait et ne produit aucune illusion.

En 1848, M. Gonord, graveur en taille douce, produisit son invention d'application sur porcelaine au moyen de procédés chimiques que lui seul connaissait alors.

Cette impression donnée, bon nombre d'artistes et de chimistes, s'occupant spécialement de l'application des émaux ou de leurs différends modes de fabrication, se mirent à faire des recherches qui toutes sont restées infructueuses.

Cependant un pas a été fait, mais ce pas ne saurait constituer un progrès s'il n'en amène d'autres, car ce n'est pas tout de partir, il faut arriver, et ce n'est qu'avec de la persistance, à force d'étude, de temps, de patience, d'essais infructueux souvent répétés qu'on peut espérer d'obtenir quelque résultat en pareille matière.

Néanmoins, plusieurs fabricants exploitent depuis quelque temps un système qui comporte cinq couleurs, mais ils ne sont arrivés à produire qu'une triste imitation d'images enluminées, lesquelles n'ont aucun rapport avec les œuvres du pinceau et n'approchent même pas, comme ensemble, des travaux que font les apprentis dans les ateliers des peintres sur porcelaine.

Les porcelaines décorées par ce procédé ont encore l'inconvénient d'être complétement retouchées; or, si une chose obtenue par un procédé mécanique doit être ainsi retouchée à grand renfort de temps, et cela pour rester au-dessous du médiocre, nous demanderons où est le bénéfice, où est le progrès!

On comprendra qu'avant de parler de mon invention, j'aie voulu faire connaître les procédés employés jusqu'à ce jour, ainsi que le résultat peu satisfaisant qu'ils ont obtenu.

Le but que je me suis proposé en me mettant à l'œuvre, et que je crois fermement avoir atteint, a été de dégager le procédé à employer de

tous les ennuis, de tous les embarras et d'une
partie des frais attachés jusqu'ici à l'impression
sur porcelaine. Pour y parvenir, il m'a fallu du
temps, du courage, de pénibles travaux, et je
dois aussi des remercîments aux industriels qui,
pour venir en aide à mon invention, ont fabri-
qué pour moi les outils nécessaires; et d'abord
j'en dois faire à Mme Garde, fabricante de pinceaux, pour ses brosses-tampons qui réunissent
toutes les perfections désirables (1).

Puis, à Mme Trémery et à M. Tissier, pour
la manière dont leurs gravures sont exécutées.

M. Desloges aussi en aura bonne part pour
avoir bien voulu donner asile, au milieu de ses
Manuels artistiques, à l'ouvrage d'un homme
qui s'est vu si longtemps ballotté par les falla-
cieuses promesses de capitalistes, qui n'avaient
d'autre désir que d'exploiter son procédé, afin
de s'en approprier les bénéfices, tandis que mon
intention, à moi, était tout simplement de la faire
connaître au public, afin que chacun fût admis à
en tirer parti.

Casimir Lefebvre.

(1) Rue Saint-Martin, 229.

IMPRESSION SUR PORCELAINE.

CHAPITRE PREMIER.

DU DESSIN MODÈLE ET DE LA GRAVURE.

Vous exécutez d'abord à l'effet le dessin qui doit vous servir, en observant d'arrêter votre modèle ainsi que cela se pratique pour les papiers de tenture.

Lorsqu'il est terminé, vous le calquez couleur par couleur, en ayant soin de faire marcher les tons clairs sous les tons foncés ; de plus, il est indispensable de marquer sur votre dessin des points de repère, afin de pouvoir raccorder les formes entre elles. Ces points sont au nombre de deux ; l'un, triangulaire, doit être placé à la partie supérieure de droite ; l'autre, à la partie inférieure de gauche, est de forme oblongue. Ils doivent être calqués avec une scrupuleuse exactitude, car c'est de là que dépend la précision des formes à imprimer.

Lorsque tous les calques sont terminés, il faut les graver, soit sur cuivre, si l'on exploite le procédé, soit sur papier glacé, si l'on vise seulement à se récréer.

Ce dernier mode de gravure n'offre pas plus de difficultés que celui dont on se sert pour la peinture orientale.

CHAPITRE II.

DU PAPIER IMPRESSIONNABLE.

Il est certains papiers employés habituellement pour les impressions céramiques qu'on transporte de là sur les objets à décorer.

Cette opération peut s'appeler transport d'impression, puisqu'en premier lieu l'on se sert de la presse afin de rendre le dessin gravé.

Comme point de départ, j'ai dû suivre la même voie, car je ne connais rien qui puisse mieux que le papier supporter l'impression. Mais j'ai composé un encollage qui, me permettant d'obtenir une impression directe, ne peut nuire aux émaux employés pour la décoration.

Voici de quelle façon il faut en user avec cet encollage : vous prenez d'abord du papier pelure que vous imprégnez d'un côté seulement, avec une dissolution d'alun.

Votre papier une fois sec, sur le même côté, c'est-à-dire par-dessus la couche alunée, vous mettez une autre couche d'albumine étendue d'eau, et à laquelle vous ajoutez quelques gouttes d'alcool à 40 degrés, après que vous aurez fait dissoudre dedans un peu de gomme adragante.

Vous laissez sécher de nouveau en ayant soin qu'aucun pli ne se forme dans le papier, qui, ainsi préparé, doit recevoir les couleurs et les rejeter sous la simple pression.

L'eau à employer pour cette opération doit être, sinon distillée, du moins filtrée, la plus scrupuleuse propreté étant une chose essentielle dans chacune des opérations de l'impression sur porcelaine.

L'on peut remplacer l'albumine, sans toutefois pour cela supprimer les opérations préliminaires de cet encollage par la colle de caséine, que l'on obtient en faisant précipiter du lait par l'acide acétique ; puis la caséine précipitée, vous la faites dissoudre dans une solution froide et saturée de borax, et alors vous obtenez un liquide clair, aglutinatif, qui, appliqué sur votre papier, lui donne l'aspect de celui albuminé. Pour le fabricant, ce dernier mode d'encoller le papier est préférable ; pour l'amateur, l'albumine peut remplir le but et lui donne aussi moins de préparations à faire.

CHAPITRE III.

DE L'EMPLOI DE LA COULEUR.

L'essence grasse, employée d'ordinaire pour la peinture sur porcelaine, est nuisible pour l'impression, attendu qu'elle entraînerait à la cuisson le mauvais résultat nommé *grippage*, en terme du métier.

Les couleurs dont vous aurez à vous servir se trouvent chez tous les marchands qui tiennent l'article porcelaine.

Lorsque vous les avez bien broyées à l'eau, puis séchées, vous les délayez avec de l'essence de térébenthine rectifiée, en y ajoutant un peu de térébenthine de Venise clarifiée au moyen d'un linge fin. Pour faciliter ce filtrage, on peut exposer cette térébenthine à une chaleur modérée, mais il faut avoir soin de ne jamais laisser le flacon débouché, parce que le suc qu'il contient se graisse à l'impression de l'air.

Lorsque votre couleur est prête, vous vous munissez de brosses-tampons, celles que j'ai indiquées. Pour les teintes premières, qui sont des teintes plates, vous vous servez de la brosse-tampon n. 1, avec laquelle vous prenez de votre couleur préparée; puis, posant votre planche gravée comme il est indiqué plus haut, vous glissez légèrement sur la forme vide en évitant surtout l'excès de couleur.

Après que vous aurez exécuté autant de formes qu'il vous en faudra, vous prendrez la seconde planche, vous servant cette fois de la brosse-tampon n. 2, mais en tapotant avec soin et doucement. Il en sera de même pour les autres planches; seulement, comme il est utile que dans votre dessin il se trouve une planche destinée à rehausser vos formes, cette planche devra être exécutée en brun ou toute autre couleur foncée, et offrir les détails nécessaires pour donner de la légèreté à votre décoration.

Pour cette planche seulement, vous employez le dernier numéro de la brosse-tampon, qui est le n. 3, laquelle offre plus de consistance que les autres en raison du poil avec lequel elle est fabriquée.

CHAPITRE IV.

DE LA COMPOSITION DE LA MIXTION.

Sans la mixtion, il serait impossible d'obtenir la peinture, sur beaucoup de formes en usage, soit appliquées à la vaisselle, soit comme décoration. La mixtion que j'ai composée a l'avantage de ne laisser aucune trace de son passage, car elle ne renferme que des substances végétales qui se trouvent rongées au feu de la cuisson ; elle ne saurait donc entraîner aucune altération pour les émaux appliqués dessus.

Lorsque vous voulez poser cette mixtion, vous devez commencer par exposer au feu l'objet que vous allez décorer. Lorsqu'il est tiède, vous l'enduisez légèrement, avec le doigt, de cette mixtion, que vous laissez refroidir un peu, après quoi vous imprimez directement.

Voici de quoi se compose la mixtion ou mordant en question :

Résine fondue et clarifiée, cire blanche épurée, térébenthine de Venise. Lorsque ce mélange est fait à poids égal et que le tout est fondu au bain-marie, ou, à la rigueur, sur un feu doux, vous y ajouterez un peu d'essence de thym, et vous remuerez avec une spatule jusqu'à ce que la mixtion refroidie ait la consistance d'un onguent un peu ferme. Au moment où vous aurez jugé convenable de retirer du feu, il faudra filtrer, chaud encore, dans un tamis de mousseline qui puisse retenir tout ce qui serait nuisible à la préparation.

CHAPITRE V.

DE L'IMPRESSSION ET DES OPÉRATIOES DÉFINITIVES.

Votre mixtion ayant subi le refroidissement nécessaire pour lui donner plus d'action, vous prenez votre papier décoré et vous l'ajustez sur l'objet imprégné en évitant de le laisser glisser. Puis, vous exercez une pression, avec le doigt, sur l'envers de votre papier, et vous ajoutez à cette pression, avec une roulette soit en feutre, soit en caoutchouc. Lorsque ces deux opérations sont faites, ce qui ne dure qu'un instant, et que votre pression est suffisamment exercée, vous appliquez de l'eau avec le doigt sur le papier ; alors, vous voyez chaque forme apparaître à travers, ce qui vous indique que l'impression est terminée. Les choses en cet état, vous enlevez le papier par un coin, avec précaution, et vous pouvez voir votre couleur adhérente après votre objet. Alors vous versez dessus, ou, si vous le préférez, vous le trempez dans l'eau, mais sans frotter, de manière à faire partir l'encollage, qui s'en va de lui-même et dès lors ne peut nuire à votre travail.

Après que vous avez laissé sécher l'objet en question, vous le faites cuire dans un moufle, ou, si vous n'en avez pas, vous donnerez à cuire à un décorateur sur porcelaine, en l'assurant qu'aucune des matières employées dans votre travail ne peut, par le contact, amener de mauvais résultat pour le sien.

Il est utile que la cuisson soit opérée par un feu vif, cette peinture artificielle ayant besoin d'être saisie par la chaleur.

RÉSUMÉ.

Peut-être ai-je été fort long pour décrire les opérations successives qu'exige l'impression sur porcelaine, mais il ne faut pas s'en effrayer, car, bien que la plume aille vite, la pensée, de même que l'action qu'elle dirige, vont plus vite encore, et l'on peut voir par la description que je viens d'en faire qu'aucune de ces opérations n'est difficile ni compliquée , et que rien n'est plus simple et plus facile que d'arriver à ce résultat.

Le procédé que je viens de faire connaître n'est qu'une application de la peinture orientale à la porcelaine; il est des plus simples et des plus faciles, ainsi que je viens de le dire plus haut, pour les fabricants, les industriels : — plus de matériel coûteux à acquérir, plus d'énormes frais de gravure. Ce qui coûtait 100 et 200 fr. n'en coûtera que 20 ou 30, et encore le résultat sera plus satisfaisant que celui obtenu jusqu'à ce jour à grands frais et qui nécessitait l'emploi de la main pour la retouche.

Tout est donc avantage avec ce nouveau mode d'impression, qu'un enfant de huit ou dix ans peut exécuter aussi facilement que d'autres exécutent dans certains ateliers des centaines d'images communes.

Les personnes qui penseraient que les explications contenues dans cette brochure ne sont pas suffisantes, pourraient s'adresser à M. Desloges, qui leur donnera tous les renseignements qu'elles pourront désirer.

PEINTURE SUR PORCELAINE.

Ce genre de peinture est la partie de l'art du peintre dont les produits sont rendus inaltérables par l'action du feu que doit subir son exécution. L'artiste, par cela seul, est obligé d'avoir recours aux couleurs minérales, composées d'oxydes métalliques comme matières colorantes, et de fondants, qui sont des borates et des silicates le plus souvent combinés ensemble, parce qu'ils obtiennent plus de sensibilité. Ces couleurs se vendent toutes préparées, sauf le broyage, définitif par les chimistes spéciaux composant les différents tons qui doivent former la palette du peintre sur porcelaine.

Sans la chimie, le peintre se trouverait fort embarrassé. Aussi, sans être approfondi dans cette science, il a besoin de s'y initier et de connaître malgré cela les principales combinaisons des émaux, qui forment deux classes : ceux qui sont colorés au moyen de substances mises au fondant à l'état de mélange, et ceux dont la

matière colorante est en combinaison avec le
fondant. Il est nécessaire de savoir que tel ou
tel ton mélangé peut occasionner une toute autre nuance que l'idée s'en fait, et, de plus, que
l'un peut nuire à l'autre.

La peinture sur porcelaine s'applique après la
cuisson de la pâte et de l'enduit, s'exécutant
comme l'aquarelle par teintes plates. Les couleurs
dites couleurs de moufle, parce qu'elles n'exigent pas la violence du grand feu, doivent être
broyées à l'eau seulement; puis, lorsqu'elles
sont sèches, et au moment de les employer,
vous les rebroyez à l'essence de térébenthine
rectifiée en y ajoutant un atôme d'essence grasse
et une goutte d'essence de lavande, de façon
qu'elles aient la consistance de la couleur à l'huile.
L'or se broie de la même manière que les autres
couleurs; et comme l'or a besoin de subir un feu
plus violent pour adhérer à l'émail, il est utile, autant que possible, de mettre à la cuisson une
première fois les parties dorées. Il faut aussi,
lorsque vous employez votre couleur, avoir soin
de la délayer souvent et y ajouter quelques
gouttes d'essence; puis, lorsque vous peignez,
ne pas mettre trop de couleurs, car elles s'é-
cailleraient au feu et produiraient un fort-mau-

vais effet. Plusieurs godets d'essence sont nécessaires. L'on peut encore mouiller la surface de
l'émail avec de l'essence de lavande pour que
les teintes prennent mieux sur le fond. L'essence grasse que l'on y ajoute empêche la couleur de sécher trop vite, et, par cela même,
donne plus de facilité pour travailler; seulement, prendre bien garde d'en mettre de trop;
car, lorsque vos couleurs subiraient la cuisson,
elles gripperaient, c'est-à-dire qu'elles se ramas-
seraient et formeraient des taches de couleur
qui gâteraient complétement votre travail.

Quand vous voulez exécuter une peinture,
vous esquissez avec du rouge ou du gris-clair.
Si vous avez besoin de corriger votre esquisse,
vous prenez un petit linge auquel vous donnez la
forme d'un tampon, et vous l'imbibez d'esprit
de vin. L'on se sert également d'un grattoir pour
enlever les taches. La palette est en verre ou en
porcelaine, avec une petite molette et un couteau pour broyer et mélanger les couleurs ; cependant, il serait de beaucoup préférable d'en
avoir plusieurs consacrées à différentes teintes
ayant rapport entre elles.

Les pinceaux que l'on emploie sont ordinairement en *petit-gris*; mais, pour les fonds et les

grandes teintes, on se sert du *putois*, gros pinceau coupé carrément par le bout. Le putois sert aussi à fondre et à unir les teintes placées au petit-gris.

Pour les fonds, on met habituellement deux couches, afin que les inégalités disparaissent. Quand la surface est grande, on exécute au mordant, c'est-à-dire que l'on réduit la couleur en poudre, que l'on secoue avec un petit tamis au-dessus des places où l'on veut en mettre, et que l'on a imbibées d'essence pour la retenir, tandis qu'elle ne s'attache pas aux autres parties. On obtient ainsi des fonds très-égaux et plus beaux qu'au putois, qui a le désavantage de donner moins de glacé après la cuisson.

On emploie peu le blanc dans la peinture sur porcelaine ; il faut savoir réserver la couverte dans les endroits éclairés. Cependant les points lumineux peuvent se faire avec le blanc, mais il ne faut pas le mélanger avec d'autres couleurs. Le noir sert à ombrer et se mélange heureusement aux autres teintes. L'or donne le pourpre et les carmins, couleurs changeantes au feu et qu'il faut savoir employer avec intelligence. Le fer donne des rouges et violets. Il ne faut pas non plus mélanger les rouges avec les carmins ; le bentoxide de cuivre donne le vert, et le cobalt le bleu. Les couleurs changent à leur avantage à la cuisson ; elles obtiennent, par leur fondant, un glacis qu'elles sont loin de posséder auparavant.

Telles sont à peu près les choses nécessaires pour peindre sur porcelaine ; la pratique doit faire le reste, car la peinture dépend beaucoup aussi de l'adresse et de l'intelligence de l'artiste pour connaître les couleurs et leur mélange ; c'est pourquoi l'on doit commencer par copier des lithographies genre *grisaille ;* puis, lorsqu'on a obtenu un peu d'adresse, l'on emploie les autres couleurs avec plus d'avantage et plus de chance de réussite ; car, généralement, les peintures de bon goût subissent au moins deux feux, et il faut pour cela savoir employer, pour le premier, les peintures les plus dures à la cuisson, et pouvoir trouver de suite les tons convenables au lieu de chercher à les obtenir par des superpositions qui augmentent l'épaisseur sans corriger le ton que l'on désire rattraper. Si, à la première cuisson, l'on a des sujets qui laissent encore à désirer, l'on retouche les endroits faibles en ayant soin d'employer des couleurs de même fusibilité, afin d'éviter le terne et le désaccord provenant d'un mauvais emploi de couleurs.

Les beaux ouvrages sur porcelaine, vu la perfection qu'ils doivent avoir, sont susceptibles de recevoir trois et même quatre feux ; mais alors ce sont de grands risques à courir.

Pour cuire la porcelaine, il faut se servir d'une moufle construite en terre réfractaire ayant la forme d'une boîte carrée, mais formant à la partie supérieure la voûte, à laquelle se trouve une cheminée. Il est indispensable, lorsque la moufle est neuve, de la chauffer à vide avant de s'en servir pour la peinture.

Lorsque l'on chauffe la moufle, les porcelaines y sont déjà rangées étage par étage de manière que les endroits peints ne se touchent pas. On doit éviter de placer les objets trop près des parois de la moufle. Les gaz qui traversent la moufle sont toujours un inconvénient pour la peinture, car les parties peintes où les gaz ont eu une action sont ternes et flétries. L'on ne lute la porte avec de la terre glaise que lorsque la main ne peut plus tenir aux parois intérieures de la moufle. L'on connaît la cuisson de ses couleurs au moyen d'un morceau de porcelaine que l'on appelle *montre*, fixé solidement au bout d'une barre de fer, et sur lequel morceau de porcelaine l'on a eu soin de mettre de la même couleur que l'on a employée pour la décoration à cuire. Le carmin est la clef, pour la cuisson. Pas assez cuit, il est d'un violet sale ; trop cuit, il passe au jaune ; puis, lorsque vous voyez que votre degré de cuisson est à son point, vous arrêtez le feu immédiatement, et vous laissez refroidir.

Cependant, si l'on ne veut pas se donner la peine de cuire, il est facile de faire faire la cuisson dans une fabrique de décoration sur porcelaine. Beaucoup se chargent de cette commission.

Il est aussi très-urgent, si vous faites une décoration à effet qui doit subir plusieurs feux, de terminer votre sujet par les rouges, s'il en existe dans le sujet que vous voulez produire, ces dernières couleurs ne pouvant supporter qu'un feu doux.

OBJETS NÉCESSAIRES POUR PEINDRE SUR PORCELAINE.

Un assortiment de couleurs minérales.
Essence rectifiée.
Essence grasse.
Essence de lavande.
Esprit de vin.
Pinceaux en martre et en petit-gris.
Un couteau à palette.
Un grattoir.
Une molette, une glace à broyer.
Une palette en porcelaine.
Des godets pour les essences.

PEINTURE SUR VERRE.

Le verre et les moyens de le colorer étaient connus dans l'antiquité, mais l'art de représenter par les couleurs vitrifiées un dessin quelconque est d'une époque plus récente.

Les plus anciens vitraux qui nous restent sont ceux du treizième siècle, auxquels leur exécution caractéristique a été d'abord exclusivement réservée à la décoration des églises. Ils nous montrent, par la grandeur de leur destination, un but aussi moral que physique. Des fils de plomb en réunissent toutes les parties nécessaires pour leur solidité qui, en les sauvant de la destruction, sert encore à arrêter des contours que l'œil et l'imagination auraient peine à voir : la vivacité de leurs couleurs, l'absence de modelés et de demi-teintes, ainsi que leur exagération de trait s'explique également par la hauteur où ces peintures sont ordinairement placées et l'effet tout monumental qu'elles doivent produire.

Les vitraux que l'on fit plus tard furent encore plus soignés sous tous les rapports ; on augmenta, par les recherches , le nombre des couleurs ; leur fabrication s'étendit également. Les plus grands artistes, tels que les Pinaigrier et les Jean Cousin illustraient cet art à cette époque, et représentèrent souvent, sur un morceau de verre, comme sur une toile, des sujets dus à leur génie, compliqués et d'un fini toujours minutieux et irréprochable.

L'exécution des vitraux exige un grand matériel, et ne peut se faire que dans les manufactures spéciales, vu le nombre d'ouvriers de différentes parties qu'ils occupent, tous soumis à une direction générale. Les sujets peints sur un seul verre ne prennent pas tant de main-d'œuvre ; ils se font au chevalet. Leur exécution est la base des grands vitraux, qui se compliquent ou se simplifient tellement, qu'ils exigent plutôt l'intelligence de la situation qu'une explication de tous leurs détails.

La première chose nécessaire est le carton-modèle fait par un artiste dessinateur, sur lequel doivent être indiqués tous les fils de plomb et les couleurs ; le vitrier découpe son verre dessus en le choisissant de la couleur nécessaire et

le prépare ainsi à être travaillé morceau par
morceau; quelquefois même on prend un verre
d'une couleur sur laquelle il faut en mettre une
autre à certaines places. Pour cela, il ne faut
pas que le ton primitif soit dans la pâte, mais
sur une surface du verre; alors le graveur à
l'émeri enlève la couleur dans les endroits nécessaires, que l'on colore ensuite du ton convenable. Ces teintes, mises ainsi après coup, ne
sont jamais aussi belles que les autres.

Après la première peinture, tous les morceaux
se mettent sur des plaques en fonte couvertes
de chaux dans une moufle maçonnée, ensuite
hermétiquement fermée comme pour la peinture
sur porcelaine. L'on chauffe en dessous pendant
quelques heures, et on laisse bien refroidir le
tout avant de défourner. C'est alors que l'on retouche et colore; le dépoli, dont nous parle-
rons plus loin, se met également par derrière,
et l'on recuit. Quand ce vitrail est bien terminé
comme peinture, on met les morceaux en plomb
et les grandes parties dans un châssis de fer.
Voilà à peu près tout ce que comprend l'établissement d'un vitrail. Le plus grand soin en
toutes choses est nécessaire, car le moindre ou-
bli ou accident entraîne souvent à recommen-

cer tout un long travail. Les couleurs sont les
mêmes que pour la porcelaine ; seulement, on
ne les emploie pas de la même manière ; tout se
peint à la grisaille, et après une cuisson, on colore avec les acides et oxydes métalliques. Les
autres choses nécessaires sont une palette en
verre et ses accessoires. Pour la grisaille à l'essence, deux godets, pour l'essence de lavande
et la térébenthine, des pinceaux à plumes et
des brosses en soie de porc ; pour modeler, un
chevalet, espèce de châssis carré dont le vide
est rempli par une glace sur laquelle on pose
son verre. Lorsqu'on travaille plusieurs morceaux à la fois pour un sujet qui passe de l'un
à l'autre, on les maintient dans la position qu'ils
doivent occuper avec des boulettes de cire. On
ne peut pas peindre immédiatement sur le verre ;
il faut avoir passé dessus une teinte de grisaille
à l'eau. Pour cela, on place son verre, bien net,
horizontalement ; on le barbouille avec un pinceau de grisaille à l'eau ; puis l'on étale vivement la teinte en tous sens avec de grosses
brosses à modeler, et c'est sur ce fond que l'artiste travaille, mais à l'essence, pour qu'il ne
se délaie pas de nouveau ; car, de même que
l'eau ne peut effacer l'essence, l'essence n'efface

que difficilement les teintes à l'eau. Le dessin ne peut se faire sur le verre ; il faut l'avoir préalablement arrêté, puis le transporter sur un papier à calque que l'on colle aux quatre coins derrière son verre, et à travers de la grisaille, rendue encore plus transparente lorsqu'elle est mouillée, vous apercevez très-distinctement vos contours ; pour cela, un beau jour derrière son chevalet est une chose nécessaire.

Vous commencez ensuite à peindre en mouillant d'abord le fond avec la lavande pour que les teintes prennent mieux et puissent se modeler avec les brosses. Il faut savoir aller vivement pour ne pas laisser sécher le fond, car alors le travail n'est plus possible ; et si l'on voulait remouiller une place commencée, l'essence effaçant les teintes à l'essence, on détruirait le travail déjà fait. On ne doit pas craindre non plus de faire un peu foncé, car, après la cuisson, les grisailles diminuent de force. Cela tient à l'essence grasse que l'ouvrier mélange avec pour l'empêcher de sécher trop vite ; il faut donc s'efforcer d'en employer le moins possible. Après une cuisson, on peut facilement corriger et même repeindre tout un sujet sans avoir besoin de remettre un nouveau fond. Les autres couleurs se mettent de la même manière. Généralement, on éclaire avant d'ombrer, c'est-à-dire que l'on enlève la couche à l'eau dans les parties les plus claires, puis l'on se sert de cette couche elle-même comme demi-teinte ; ensuite les ombres sont mises, comme nous l'avons dit, avec la grisaille à l'essence, au pinceau et à la brosse. La peinture finie, on enlève tout autour de son sujet la grisaille à l'eau qui est de trop ; mais, pour que les clairs paraissent exister, il faut le dépoli derrière le verre ; on peut aussi laisser la teinte à l'eau sur toute la surface ; alors, au lieu d'avoir un fond blanc pour son sujet, on a un fond gris. On se sert, pour éclairer, d'un morceau de bois pointu pour les blancs coupés net, ou d'aiguilles réunies en faisceau pour pouvoir faire les finesses.

Voilà la principale manière de travailler les choses d'art ; elle est assez compliquée, surtout en théorie, mais on ne peut que la simplifier pour les choses moins importantes. Ainsi les ornements au trait, par exemple, n'ont pas besoin d'être faits au chevalet ; on pose le verre sur le carton, et sans autre préparation, on les calque au pinceau.

DÉPOLI.

On appelle verre dépoli celui qui, nuancé ou non, a été terni par une couche d'émail blanc répandu sur une de ses surfaces. Cette couche se compose uniquement de matières vitrifiables et blanches telles que cristal, verre et arsenic triturés ensemble dans un mortier et ensuite broyées à l'eau dans un moulin de porcelaine de fabrication spéciale, pendant très-longtemps ; après, on le couche à la brosse sur la surface du verre, et on le cuit. On dépolit ainsi les vitraux de couleur dans les endroits nécessaires, tels que les figures et les draperies ; cependant on conserve également beaucoup de parties intactes, comme les fonds et les ornements de couleur, et cela, quelquefois sur un même morceau.

VERRES MOUSSELINES.

On trouve maintenant, dans le commerce, de beaux verres dépolis appelés verres mousselines ; ils ont à peu près la même destination que les stores ; seulement, ils s'emploient plus souvent dans les intérieurs pour éclairer, sur d'autres pièces, celles qui sont dépourvues de jour direct.

On ne peut que difficilement s'imaginer la facilité avec laquelle ils s'exécutent, malgré leurs ornements si composés et leurs riches bordures. Ce sont des femmes ou des enfants qui les préparent pour être cuits; pour cela, après que la couche de blanc est posée généralement et qu'elle est bien séchée avec des plaques de cuivre où sont découpés par le graveur les ornements qu'on veut représenter, on enlève facilement, à l'aide d'une brosse, le blanc partout où le cuivre manque, tout en prenant bien garde d'écorcher la couche en changeant la plaque de place, car elle n'est jamais aussi grande que le verre à exécuter; alors des points de repère et de petites entailles aident à se remettre d'équerre; après la cuisson, on les colore s'ils doivent l'être. On en fait aussi à double dépoli; ce sont des verres qui, malgré le dépoli où sont ménagés les ornements, en ont encore un autre général sur l'autre face; on obient ainsi des ornements blancs sur un fond d'un blanc plus opaque.

Les vases ou autres objets qu'on se propose d'émailler doivent être en fonte douce, homogène et non poreuse ; ils ne doivent présenter non plus ni paille, ni crevasses, ni soufflures ou autres défauts nuisibles. Il faut rejeter le fer cassant à chaud, et ne faire, pour l'émaillage, que des fontes les plus pures et les plus fines.

Les pièces, ainsi choisies, sont soumises à une préparation préliminaire qui consiste à les débarrasser, avec un grès grossier ou une lime, de tous les corps étrangers, tels que sable, argile, etc., qui peuvent y adhérer. Si on soupçonne que leur surface a pu être imprégnée de quelque matière grasse, ces pièces doivent être soumises à la chaleur du rouge naissant pour leur enlever ces impuretés. Dans les cas les plus ordinaires, cette opération n'est pas nécessaire.

Quand elles ont été débarrassées des corps étrangers adhérents, les pièces doivent être décapées. On se sert avec avantage, pour cette opération, d'acide acétique qu'on prépare avec le vin, le moût de bière, de grain ou de fruit, ou bien celui qu'on recueille dans la distillation des bois en vase clos en grand ; et dans les pays où le vinaigre de vin est cher, la liqueur acide provenant de la fermentation acétique des moûts de grain est ce qu'il y a de meilleur marché. On la prépare exactement comme les moûts dans la distillation des eaux-de-vie de grain, si ce n'est qu'on laisse s'accomplir la fermentation spiritueuse, et qu'on attend que dans les cuves on voie s'établir la fermentation acétique qu'on favorise par une élévation de température.

Les pièces, préparées mécaniquement comme il a été dit, sont alors plongées dans cette liqueur acide, avec l'ouverture, quand ce sont des vases creux, tournée vers le haut, afin que les gaz qui se forment puissent se dégager. Le décapage, lorsque le travail doit marcher avec activité, est accéléré par une température de 25 à 30° c. qu'on donne à la liqueur décapante. Il est convenable aussi d'en retirer les pièces après environ six heures d'immersion, de les essuyer avec un linge grossier, et de les replonger de nouveau dans la liqueur.

On favorise ainsi l'action de l'acide en dé-

pouillant la surface du fer d'une couche ferru-
gineuse qui s'y dépose constamment sous forme
de boue noirâtre.

Au total, il faut une période d'environ douze
heures, avec une température de 20 à 25° du
thermomètre, pour bien décaper les pièces quand
la liqueur consiste en 60 litres de grain moulu,
120 litres d'eau tiède et 1/2 kilogramme de le-
vure ou autre agent de fermentation.

Après que les vases ou ustensiles ont été dé-
capés ainsi, on les enlève l'un après l'autre du
liquide, et on les plonge dans l'eau tiède ; puis,
avec un gros chiffon et du sable, on les récure
de façon que leur surface, dans la partie qui doit
être émaillée, soit parfaitement blanche et propre.
Plus cet écurage est fait avec soin, et plus l'on
peut être sûr de la solidité et de la durée de l'é-
maillage qu'on appliquera sur leurs parois. Alors
ces vases sont lavés encore deux ou trois fois à
l'eau pure et frottés dans ce liquide. Il faut avoir
soin, pendant cet écurage, que ces pièces ne
restent pas plus de cinq à dix secondes au plus
hors du liquide, autrement elles se chargeraient
d'une couche d'oxyde de fer qui est extrêmement
nuisible, en ce qu'elle empêche l'émail d'adhérer à leur surface.

Les pièces étant parfaitememt propres et débarrassées de tout acide, on les transporte dans
une eau pure et claire pour qu'elles ne se cou-
vrent d'aucune tache de rouille, et où elles restent jusqu'à ce qu'on les recouvre avec l'émail.
Presque toujours néanmoins, même dans l'eau
de rivière la plus pure, il se dépose sur le mé-
tal blanc une petite couche jaune pulvérulente,
mais qui n'y adhère que faiblement, et qu'on en
détache un peu avant de procéder à une autre
opération, en les frottant dans une eau pure.

Le décapage, ainsi que l'écurage, s'opère de
préférence dans les cuves ou vases en bois.

PRÉPARATION DE [L'ÉMAIL.

MASSE, ASSIETTE OU COUVERTE.—Cette assiette
ou couverte consiste en silice, borax et argile.
Les deux ingrédients sont frittés ensemble ; l'argile sert comme moyen de liaison pour donner à
la masse pulvérisée une certaine consistance et
de l'opacité à l'émail.

SILICE. — Les matériaux qu'on peut employer
pour cet ingrédient sont le quartz pur et exempt
de fer, le cristal de roche, le silex pyromaque

pur et sans mélange de calcaire, les cailloux et galets de rivière blancs purs et sans trace de coloration, et enfin, à défaut de ces matières siliceuses de premier choix, le sable blanc, et parfaitement lavé et purifié. Les roches quartzeuses doivent d'abord être lavées avec soin, rougies au feu, puis plongées dans de l'eau pure contenue dans des vases bien propres. Ces pierres, devenues ainsi fragiles, sont alors mises dans un mortier de pierres, et réduites en grains de la grosseur d'une lentille, puis dans un mortier de porcelaine vernissé ou dans un moulin pourvu d'une meule en grès dur à gros grain pour y être réduites à sec, ou mieux à l'état humide en poudre impalpable, puis enfin en poudre d'une finesse extrême par la lévigation et la décantation dans l'eau. Si on trouve, soit au moulin, soit à la calcination ou toute autre circonstance, qu'il ne reste pas de fer dans cette poudre, alors elle n'est soumise à aucune autre purification ; mais si, à défaut d'appareils convenables, on a été obligé de concasser ou de pulvériser le quartz dans des mortiers ou des capsules de fer, alors il faut faire digérer pendant quelque temps cette poudre dans l'acide chlorhydrique étendu, en appliquant au besoin la chaleur. Après plusieurs lavages consécutifs, lorsque les eaux n'indiquent plus de trace d'acide, cette poudre de silice, amenée alors au degré nécessaire de pureté, doit paraître complétement incolore. Pour la garantir de la poussière, on la conserve dans cet état dans des pots de terre ou de bois bien nets, ou des vases non sujets à s'exfolier.

Borax. — Le borax ordinaire raffiné du commerce est celui dont on fait usage. On le réduit en poudre, on le passe à travers un tamis fin pour le transformer en une poudre impalpable, qu'on conserve à sec dans des vases de verre clos avec soin.

Argile. — L'argile pure blanche, et qui reste telle après la cuisson, mérite la préference ; néanmoins, toute autre argile qui ne renferme pas de magnésie, qui est blanche et possède la plupart des qualités de celle qui vient d'être indiquée, peut être employée avec avantage On la pulvérise après l'avoir fait sécher à l'air ; on tamise, on délaie dans une grande quantité d'eau pure pour former un lait, et on décante à la manière ordinaire, mais avec plus de soin encore, de manière à ne laisser aucune trace de sable et de parties non dissoutes. L'argile ainsi lavée est abandonnée au repos pour qu'elle se dépose ; on décante l'eau qui surnage, et on fait sécher à une température de 100". On la soumet alors à l'épreuve avec l'acide sulfurique ou chlorhydrique pour s'assurer si elle dégage du gaz acide carbonique, cas dans lequel il serait impossible de l'employer.

MÉLANGE DES INGRÉDIENTS DE LA COUVERTE. — On mélange intimement au moyen d'une grosse molette, et on broie ensemble cinq parties en poids de la silice préparée comme il a été dit, et à l'état de poudre sèche, avec huit parties de borax pulvérisé. Ce mélange est porté dans un creuset de fusion rond et un peu élevé, en terre réfractaire, et qu'on ne remplit qu'à moitié avec la composition. Le creuset ayant été coiffé de son couvercle, on l'introduit dans un fourneau à moufle susceptible de le porter au rouge obscur. Au bout de dix à quinze minutes, le borax qui a fondu dans son eau de cristallisation s'est emparé de la silice, et s'est boursouflé. La masse alors ne doit pas être portée à une température supérieure à celle nécessaire pour la maintenir en fusion, et lorsqu'on n'y remarque plus aucun mouvement, on la verse dans un plat bien propre, en terre, et on recharge le

creuset de nouveau avec le mélange de silice et
de borax; on chauffe, on coule, et ainsi de suite
jusqu'à ce qu'on ait de cette masse calcinée, qui
doit être du reste pulvérisée très-finement, une
quantité suflisante pour remplir en comprimant
fortement les cinq sixièmes du même creuset.
Alors on couvre celui-ci, pour éviter toute im-
pureté, avec un rondeau en terre; puis on introduit dans la moufle du fourneau qu'on chauffe
au bois, au charbon, à la houille, au coke ou à
la tourbe indifféremment jusqu'à la température
voisine de celle où le laiton entre en fusion. On
laisse le creuset exposé environ une heure à
cette chaleur uniforme et soutenue, et plus pro-
portionnellement pour des masses qui dépassent
2 kilog. On retire alors le creuset tout rouge du
fourneau, et on le laisse refroidir à l'air. Après
son entier refroidissement, on le brise avec précaution. La masse, à demi fondue, s'est ordinairement affaissée en formant une loupe caver-
neuse semblable à la ponce, et par conséquent
non vitreuse et peu dure. Cette masse a besoin
d'être débarrassée avec la lime de tous les frag-
ments du creuset qui peuvent y adhérer, et quand
elle a été ainsi épurée, on la chauffe au rouge-
brun dans une capsule de terre, et on la plonge

dans l'eau froide. Alors elle devient très-friable ;
on la concasse premièrement dans un mortier
de pierre, puis on l'introduit dans un moulin à
meule en pierre dure de la plus grande propreté,
et on la réduit à l'eau en poudre aussi fine qu'il
est possible. Cette poudre est ensuite suspendue
dans l'eau, décantée pour en avoir les parties les
plus fines, et le résidu ou les parties les plus
grossières qui se rassemblent au fond de l'eau
sont repassées au moulin. Cette poudre, lavée
et séchée, doit être incolore, et soumise au feu
le plus vif du chalumeau ; elle doit se fondre en
une perle opaline ; c'est cette poudre qui forme
la base de l'émail, et qu'on mélange actuelle-
ment avec un quart de son poids de l'argile sèche dont il a été question précédemment, de
façon que cinq parties du mélange consistent en
quatre de cette base et une d'argile. Ce mélange,
qu'on appelle masse préparée, assiette couverte,
doit être intimement mélangé à l'état sec dans
une capsule de grès ou de porcelaine, puis con-
servé à l'abri de l'humidité dans les vases de
grès, de verre ou de terre.

Vernis.—Le vernis consiste en un verre composé de silice, de soude et de borax. La silice
et le borax ne subissent aucune autre prépara-

tion que celle qui a été décrite précédemment. Le carbonate de soude purifié et cristallisé du commerce est d'abord débarrassé de la plus grande partie de son eau de cristallisation en le faisant rougir dans un creuset de terre bien propre ou une capsule qu'on introduit dans la moufle du fourneau porté au rouge-brun. Cette soude calcinée est ensuite pulvérisée, passée au tamis de soie, et conservée dans un vase propre à l'abri de toute humidité.

On prend alors six parties en poids de la silice préparée comme il a été dit, trois parties de borax et deux parties de la soude en poudre dont il vient d'être question, et on les mélange intimement à sec dans une capsule. Afin de chasser complétement l'eau de cristallisation du borax et de la soude dans ce mélange, et avant d'opérer la fusion des ingrédients, on le verse dans un creuset propre en terre ou dans une capsule qu'on introduit dans la moufle; on porte au rouge brun, et on soutient cette température jusqu'à ce qu'on ne remarque plus de bouillonnement ou de soulèvement. La fritte (1), ainsi calcinée, est de nouveau pulvérisée fine-

____

(1) On appelle fritte la première préparation du verre.

ment, introduite et pressée fortement dans un
creuset d'une capacité de un à deux cinquièmes
de kilog. de matière couverte avec soin, puis
fondue d'abord à un feu doux, qu'au bout d'une
demi-heure on porte au plus haut degré. Cette
dernière température doit être à peu près
celle qu'on produit dans un fourneau de ver-
rerie ordinaire. On a régulièrement atteint ce
degré de chaleur lorsque ce vernis est trans-
formé en un verre incolore dans toute sa masse,
parfaitement cristallin, compacte et homogène,
ne présentant ni soufflures ni taches. Si on
s'est servi d'un creuset de un et demi à deux
kilog. ou de plus de capacité, on peut, quand le
verre est dans cet état, le verser de ce creuset
dans l'eau claire et pure ; ce creuset ne peut plus
servir. Quand on fond de plus petites quantités,
on laisse refroidir le verre dans le creuset, et
quand il est froid on le brise, puis on procède
au nettoyage, à la calcination, aux lavages et
décantation de la masse du verre, ainsi qu'il a
été indiqué pour la couverte. La masse de vernis du grand creuset, refroidie tout à coup par
son immersion instantanée dans l'eau, devient
assez fragile pour pouvoir être concassée dans
un mortier de pierre, puis réduite en poudre, et

transformée au moulin en une poudre extrêmement fine qu'on lave et décante comme il a été
dit, pour en recueillir les portions les plus té-
nues qu'on sèche après avoir fait écouler l'eau,
et qu'on conserve sous forme de poudre dans
des vases propres contre toute souillure.

La couverte, ainsi préparée, est déposée dans
un pot ou vase extrêmement propre en porcelaine ou en fer émaillé, puis agitée et délayée dans
de l'eau filtrée tiède, qu'on a laissé ou refroidir jusqu'à 35 à 40° c., après l'avoir fait bouillir
préalablement avec une spatule en bois très-
net. Ce mélange est peu étendu d'eau, tout en
remuant continuellement jusqu'à ce qu'il ac-
quière la consistance d'un sirop de sucre ordinaire. Cette agitation est continuée toujours en
soutenant une température uniforme, jusqu'à ce
qu'il soit impossible d'apercevoir le moindre
grumeau dans la masse. Il faut tâcher, en général, de ne pas dépasser, dans cette opération,
une température de 44°, et de ne pas rester au-
dessous de 37 à 38°.

On prépare généralement une quantité de ce
mélange proportionnée au nombre des pièces
qu'on veut émailler en une seule fois. Ainsi trois
kilogrammes de la couverte à l'état pulvérulent

avec la quantité d'eau suffisante pour lui donner la consistance indiquée, qu'on délaie dans un vase d'une capacité de quatre à cinq litres suffisent pour cinquante pots ou casseroles de un et demi à deux litres de capacité qu'on se propose d'émailler.

Cette masse étant donc, ainsi qu'il a été dit, entretenue à une température uniforme et agitée continuellement pour empêcher qu'elle ne se dépose au fond, on peut procéder au chargement ou à l'application de l'assiette sur les vases ou ustensiles à émailler.

On prend donc ces pièces qui étaient déposées dans l'eau, on les lave et nettoie une dernière fois, on les essuie avec un torchon bien sec, puis on les fait chauffer dans la moufle du fourneau jusqu'à ce qu'elles acquièrent une couleur violette sur toute la paroi blanche décapée et écurée qu'on veut émailler. On les enlève alors rapidement, et on les laisse refroidir jusqu'à environ 74 à 80° c. Cette élévation de température a pour but de chasser jusqu'aux moindres traces de l'acide végétal employé pour décaper, et d'enlever toute humidité.

Dans cet état, on prend avec une petite poche ou une cuillère profonde bien propre de la bouillie ci-dessus, qu'on a maintenue à la température constante de 39 à 46° et qu'on agite constamment, et on la verse dans la pièce à émailler, aussitôt qu'elle est revenue à la température de 74 à 80°. Dans un pot à émailler, de la capacité indiquée ci-dessus, on verse environ 15 centilitres de bouillie; puis, avec un pinceau propre, un peu rude et ferme, on étend et frotte cette bouillie sur le fond, les parois ou la surface du pot, vase ou ustensile, de telle façon que tous les points de ces pièces qui doivent être émaillés, soient mis rapidement en contact intime avec l'assiette, pendant que lesdites pièces sont encore chaudes. Cet étendage de la bouillie sur tous les points se continue jusqu'à ce que la pièce soit presque refroidie. Lorsqu'elle est descendue à la température du corps humain, 30 à 36° c., on cesse de frotter avec le pinceau, on fait couler l'excédant de bouillie qui se trouve encore dans la pièce, en faisant prendre à celui-ci des positions diverses, relativement aux parties à émailler, pour qu'elle les recouvre d'une manière bien uniforme. Cela fait, on retourne tout à coup la pièce de façon que l'ouverture soit en bas, et que le vase soit posé horizontalement ; et, tan-

dis qu'on tient encore la pièce à la main, on la
tourne de droite à gauche et de gauche à droite,
en frappant sur sa paroi extérieure avec un bout
de bois très-net d'environ 26 millimètres d'épaisseur et 26 centimètres de longueur, afin de dé-
terminer la répartition et l'écoulement de la
bouillie surabondante qu'on reçoit dans un vase
propre au-dessus duquel on laisse égoutter la
pièce.

Si on observe que la bouillie a suffisamment
garni l'intérieur de la pièce, c'est-à-dire y a
laissé une couche qui varie d'épaisseur depuis
26 jusqu'à 13 millimètres, suivant le volume
et les dimensions des pièces, alors on retourne
celle-ci vivement pour en mettre l'ouverture en
haut ; puis, avec le petit bout de bois, on frappe
doucement sur leur surface convexe, jusqu'à ce
que la bouillie paraisse à l'œil distribuée d'une
manière parfaitement uniforme. Arrivé à ce
point, en enlève et essuie proprement avec une
bande de cuir un peu ferme, qui porte une ouverture, le bord de la pièce, sur une hauteur de
3 milimètres environ, afin que l'émail ne s'é-
tende pas sur le bord extérieur. Enfin, pour
compléter la répartition et l'égale distribution
de l'émail, on frappe encore quelques coups avec.

le bout de bois tout autour de la paroi extérieure, et, dans cet état, la pièce est prête à
recevoir le vernis.

A cette époque, la bouillie dont la pièce est
enduite a la consistance du miel, et quelquefois
plus de fermeté encore ; néanmoins elle doit encore être humide pour retenir avec force le vernis en poudre qu'on y répand.

Ce vernis, préparé ainsi qu'il a été dit et réduit en poudre d'une très-grande finesse, est
répandu en cet état à l'intérieur de la pièce
enduite de l'assiette et qu'on tourne successi-
vement de tous les côtés, au moyen d'un petit
sac en batiste, qu'on maintient étendu avec un
anneau de cuivre qui en garnit le fond. Cette
opération s'exécute en imprimant un mouvement
saccadé de va et vient et de haut en bas au petit
sac qu'on tient à environ 11 centimètres au-
dessus de la pièce. On répand continuellement
du vernis en poudre jusqu'à ce qu'on s'aper-
çoive que toutes les parties enduites de l'assiette sont saupoudrées ou recouvertes uniformément d'une couche de 2 millimètres environ
d'épaisseur.

Toute la poudre de vernis, qui est à peine
adhérente, se détacherait si on agitait ou frappait

alors la pièce. Aussi prend-on doucement celle-ci, qui s'est refroidie pendant l'opération, et la porte-t-on dans un endroit chauffé pour procéder sans délai à l'évaporation de l'humidité qui existe encore dans l'assiette et dans le vernis dont on l'a recouverte. Lorsqu'on s'aperçoit que la pièce ne dégage plus de vapeur, on la chauffe d'une température qu'on porte peu à peu jusqu'à 100° c. On la maintient pendant dix à quinze minutes à cette température, et le chargement de l'émail est alors terminé.

Cuisson. — On commence par saisir avec précaution les pièces bien enduites de couvertes et de vernis et sèches avec une tenaille qui varie de forme, pour plus de facilité suivant la forme des objets qu'il s'agit d'émailler, et qui consiste en branches qui ont au moins un mètre de longueur; c'est avec cet outil qu'on les porte dans le fourneau à moufle, qu'on les y range et dispose.

La moufle, qui est en fer et fermée par une plaque en forte tôle, est déjà portée à la chaleur de la fusion du laiton. Aussitôt qu'on observe par une petite ouverture de 5 à 6 centimètres carrés, pratiquée dans la porte, que les pièces sont parvenues dans la moufle au rouge-brun, on ouvre la porte, on saisit et on amène les pièces et on leur fait faire une demi-révolution, c'est-à-dire que le côté qui était tourné vers la porte, se trouve maintenant tourné vers le fond de la moufle, où la chaleur est ordinairement plus considérable. Ce virement des pièces, dont l'ouverture reste toujours en haut, doit se faire avec précaution et sans secousse, attendu que le vernis n'est pas encore bien fixé, et qu'il pourrait se détacher.

Peu à peu les pièces arrivent à la chaleur rouge ; alors on les fait virer encore une fois pour y répartir bien également la chaleur, et lorsqu'on est arrivé à ce point, le vernis adhère avec assez de force pour que les pièces soient mises sur flanc, c'est-à-dire que leur pied soit dirigé vers le fond, et leur ouverture vers la porte de la moufle. Il est bon de remarquer qu'après chaque virement des pièces, on referme constamment la porte de la moufle.

Lorsqu'on aperçoit, par l'ouverture de la porte, que le vernis devient uni, c'est-à-dire qu'il commence à couler, on retourne alors les pièces de façon que le côté de la paroi où il est déjà fondu, et qui est ordinairement celle inférieure ou tournée vers le bas, parce que la chaleur est plus intense, soit au contraire tournée vers le haut. Mais comme par un seul retournement le vernis ne coule pas encore simultanément et uniformément, il est indispensable de répéter cette opération à plusieurs reprises. L'expérience apprend le nombre de fois qu'il convient de retourner les pièces. C'est au fond des vases où le vernis entre ordinairement le plus tard en fusion, parce que c'est aussi communément la partie la plus épaisse et celle qui s'échauffe avec le plus de lenteur.

Lorsque l'émail est devenu suffisamment coulant, ce qu'on reconnaît à ce que toute la surface enduite se trouve vernissée uniformément, on retire sans délai la pièce de la moufle, et on la laisse se refroidir. Pendant qu'elle est encore chaude, et à environ 110° c., on la recouvre ordinairement, surtout quand c'est un vase de cuisine, et à l'extérieur, c'est-à-dire du côté qui n'est pas émaillé, avec un vernis noir qui se sèche promptement, refroidit avec le vase, et lui donne une apparence extérieure plus propre et plus agréable.

L'émail, quand il a réussi, paraît à peu près blanc avec un léger reflet grisâtre, et doit être parfaitement recouvert par le vernis dans tous les points. Il ne doit pas se fendiller par le refroidissement des pièces ou présenter des bulles, des soufflures ou des taches colorées de grande dimension.

STORES.

—

Les stores produisent leur effet principal vus par transparence; ils ont cela de commun avec les vitraux; mais les stores se voient aussi comme les autres genres de peinture, le jour par devant relativement à la position du spectateur, avec l'obscurité ou une clarté plus faible par derrière. Il va sans dire que ce dernier effet n'existe pour eux que du côté où ils sont peints, tandis qu'en transparent, d'un côté comme de l'autre, à l'envers où à l'endroit, ils peuvent produire le même effet retourné seulement.

Leur utilité réelle est de cacher réciproquement d'un endroit la vue d'un autre, sans pour cela intercepter la lumière dont au contraire ils épurent et adoucissent les rayons; c'est encore pour cette dernière raison qu'ils sont employés dans les magasins pour préserver du soleil les marchandises. Dans les habitations particulières, ils remplacent avantageusement les jalousies et les persiennes et peuvent se lier très-bien par leurs dessins avec les décorations intérieurs. Il en est d'autres que l'on fait saillir à l'extérieur, comme dans les pays chauds, mais alors ils sont d'une contexture plus solide que les stores dont nous allons nous occuper : ceux-là sont le plus souvent en calicot et ne se mettent qu'immédiatement derrière les châssis vitrés à l'abri du vent et de la pluie.

Les plus simples sont blancs, avec des bordures d'ornement ou de fleurs. Le bon goût les préférerait facilement aux paysages et aux grands sujets, le plus souvent mauvais de dessin et de couleur; car il semblerait que cet art ne peut dépasser certaines limites de progrès, lorsqu'on aperçoit à la devanture de quelques établissements ces nombreux paysages où le bleu et surtout le vert dominent et se disputent la place; mais il n'en est heureusement pas ainsi, le transparent peut être mis à la hauteur de tous les arts industriels; il est comme eux susceptible d'une grande perfection qui tient uniquement au talent de l'artiste qui l'exécute, et si la plupart des produits sont réellement détestables sous le rapport de l'exécution, la faute en est moins au fabricant qu'à l'acheteur pour qui le bon marché étant le point principal ne laisse jamais à l'entrepreneur la faculté de faire peindre le sujet par des artistes réellement habiles.

Aujourd'hui, cependant, la fabrication des stores prend une extension qu'elle doit à l'incontestable utilité de ses produits, et les fabricants comprennent en même temps que ce n'est pas par la concurrence au rabais, mais bien par la beauté des produits, qu'ils peuvent élever leur art à son véritable rang.

Maintenant que nous avons donné un aperçu général du but et de l'état présent de cet art, nous allons essayer d'en expliquer l'exécution, qui du reste est facile et à la portée de tout le monde. Pour nous assurer des meilleurs moyens et des plus usuels, nous n'avons pas négligé les conseils de quelques fabricants et artistes en cette partie.

L'atelier des fabricants de stores est ordinairement très-grand vu le nombre d'ouvriers qu'ils occupent souvent et le matériel qu'il comporte nécessairement. Il est éclairé d'un seul côté par de grandes baies verticales, devant lesquelles les peintres placent leurs châssis. Cependant une personne seule peut très-bien travailler dans une petite pièce en ayant soin de ne garder qu'une seule fenêtre et de boucher les autres ouvertures.

Le châssis, malgré quelquefois ses grandes proportions, ressemble beaucoup à celui à tapisseries ; il se compose de deux montants et de deux traverses, qui peuvent se rapprocher et s'éloigner à volonté relativement à la grandeur du sujet. Sur chacun des montants est cloué un fort ruban que l'on coud avec le calicot. Pour les traverses, elles sont percées de trous d'un bout à l'autre ; le ruban est pareillement cousu avec le calicot, mais il n'est pas cloué, il se rattache avec la traverse par une corde qui passe dans un œillet du ruban, revient dans un trou de la traverse et ainsi de suite. Maintenant, pour tendre, on éloigne le plus possible les deux montants l'un de l'autre et on les maintient en position avec les traverses, puis dans l'autre sens on serre les cordes et l'on arrête les bouts avec un nœud : le calicot est ainsi parfaitement tendu ; ensuite l'on place le châssis verticalement en le maintenant solidement du haut et du bas et on fait l'encollage.

Comme nous l'avons dit, c'est le calicot ordinaire qui sert pour les stores ; seulement, pour les choses sérieuses, où l'on veut que l'art domine, la transparence est plus belle sur la mousseline. — L'encollage se pose sur l'un et sur l'autre avec de la gélatine que l'on fait fondre dans l'eau à un feu assez doux, car il faut éviter de la faire bouillir ; — puis l'on procède immédiatement avec une très-large brosse. Il faut aller promptement en commençant par le haut ; on encolle ainsi les deux côtés l'un après l'autre, et on laisse bien sécher avant de rien entreprendre.

Les couleurs sont exclusivement broyées à l'huile de lin, ensuite l'ouvrier les emploie avec l'essence et le vernis gras n. 2. Quand on a de grandes teintes à passer on délaie la couleur dans de petits pots qui sont attachés, ainsi que les godets à essence et vernis, sur la palette. Il faut encore faire un choix pour ses couleurs et ne pas employer celles qui sont épaisses, telles que certains ocres, dont la moindre teinte fait croûte et nuit à la transparence ; cependant le vermillon est quelquefois nécessaire dans les figures, mais alors on ne l'emploie qu'à teintes plates et de très-peu d'épaisseur.

Les pinceaux sont les mêmes qu'à l'huile et au choix de l'ouvrier ; on emploie également ceux à aquarelle en martres longs et fins pour les détails et les repiqués.

L'exécution commence par l'esquisse avec du fusain, à moins que l'on ne peigne de sentiment. On place le carton à copier à droite de son châssis un peu de coté pour qu'il soit bien éclairé. Si le sujet est haut, il faut une échelle pour pouvoir s'élever et descendre facilement. Maintenant, pour peindre un beau transparent, l'habileté et la vivacité que donne un peu l'habitude sont nécessaires ; il faut que les teintes et leurs dégradations soient réussies du premier coup au lieu de les chercher par des superpositions de couleurs qui nuisent toujours à la transparence ; le fini se fait ensuite par les repiqués. Les couleurs naturelles doivent être employées sans trop de mélanges pour garder toute leur vivacité ; il faut les délayer préférablement à l'essence qu'au vernis quoiqu'il donne, en séchant moins vite, plus de facilité pour modeler et retoucher ; mais il a le grave inconvénient de faire jaunir et écailler les couleurs : surtout bien ménager ses blancs que doit seul donner le fond de la toile et passer pour la même raison les couleurs très-légèrement dans les parties éclairées.

Il est aussi des moyens expéditifs qu'il ne

faut pas négliger ; ainsi, pour un fond ou un ciel par exemple, on peut prendre un chiffon, le tremper dans la couleur et passer la teinte à grands coups et vivement pour qu'elle n'ait pas le temps de sécher tout en fondant et dessudant dans les parties éclairées mieux que ne le ferait un pinceau dont les coups réitérés ne se fondraient jamais bien les uns avec les autres et qui prendrait beaucoup plus de temps.

Pour les arbres, dans les paysages, on peut encore en abréger singulièrement l'exécution ; on masse un groupe ou une partie d'arbres et avec un grattoir on feuille et on détaille selon ce que le goût et le sentiment exigent en enlevant et repoussant la couleur d'un endroit dans l'autre, ce qui n'empêche pas de retoucher encore au pinceau. Le grattoir sert encore pour enlever les taches, faire les blancs, couper net et épurer les contours.

Les stores unis à bordures ou à coins se font de la même manière, moins la difficulté d'exécution et le tracé, qui, pour plus de régularité, se fait ordinairement au poncif.

Quand le store est fini et bien sec, on le coupe carrément et on le borde ensuite pour le poser ; on cloue la partie supérieure sur un rouleau à poulie dont les deux bouts tournent dans des crapaudines scellées dans le mur. Une barre de fer est dans la partie basse qui par son poids fait descendre et maintient le store tendu, tandis qu'une corde le fait, par le moyen de la poulie, remonter et rouler à volonté. Voilà à peu près tout ce que peut comporter l'établissement d'un store. Ajoutons que, pour le conserver longtemps, il faut éviter de le mouiller, de le froisser et de le tenir trop longtemps roulé, car alors si l'humidité le pénètre, il s'échauffe et ne tarde pas à se pourrir.

ECRANS

—

La peinture des écrans est aussi le fait des peintres en stores, seulement ils se font sur une mousseline de choix et doivent être d'une exécution plus minutieuse. Pour arriver à ce but, on les peint ordinairement des deux côtés en n'employant pour ces deux exécutions que la quantité de couleurs que l'on aurait mise à le peindre sur une seule face. Plusieurs avantages résultent de ce mode d'exécution ; les défauts que

l'on a pu éviter sur le premier côté sont faciles
à corriger de l'autre par un effet contraire, et de
plus nous avons vu plus haut qu'un store ne
pouvait se voir autrement qu'en transparent, que
du côté où il a été peint; l'écran, au contraire,
peut se voir de toutes façons, puisqu'il n'a ni
envers ni endroit. Les beaux stores sur mousseline dont on voudrait que l'exécution soit parfaite peuvent s'exécuter également de la même
manière.

PROCÉDÉS DE PEINTURE SUR MARBRE

Par MM. Lisbonne et Crémieux, à Paris.

Prenez une feuille de marbre d'une dimension analogue au tableau que l'on doit faire, soit qu'on veuille représenter une corbeille de fleurs, des oiseaux, des attributs, des hiéroglyphes ou autres ornements de goût ou de fantaisie.

Commencez par établir convenablement votre dessin, et quand il est terminé, servez-vous pour le décalquer d'une feuille de papier végétal, et pour qu'il se reproduise mieux, frottez le dessous de ce papier avec du crayon rouge ou noir, puis appuyez aussi fortement que possible une ente ou spatule sur les traits du calque, et le marbre qui doit reproduire la peinture voulue en obtient une empreinte d'une grande netteté.

Lorsque vous avez transmis au marbre l'esquisse du tableau, entourez à l'aide d'un pinceau ce dessin de cire mise à l'état de liquide, qui, sur le marbre, puisse sécher promptement et empêcher les acides employés pour cette peinture de se répandre sur le marbre et d'en détériorer la couleur et le poli.

Bien qu'on puisse se servir de marbre poli à l'essence, nous conseillons un marbre passé à la pierre ponce seulement, et auquel on donne son poli quand l'opération est terminée.

L'esquisse figurée sur le marbre, entourée et garnie de cire comme il vient d'être expliqué, il faut détacher la cire qui peut se trouver dans l'intérieur du dessin et qui rendrait le tableau défectueux.

Quand ces opérations sont terminées, vous répandez de l'acide sulfurique sur toute la surface du dessin; plus la peinture doit avoir de corps, c'est-à-dire plus l'incrustation destinée à la recevoir doit être profonde, plus il faut verser de l'acide par intervalles.

L'incrustation doit avoir un quart de ligne, afin que la peinture arrive précisément au niveau de la feuille de marbre.

Pour verser l'acide, il faut le mettre dans une petite burette et le répandre goutte à goutte sur les endroits plus ou moins étendus et de formes pareilles ou diverses que peut comporter le dessin pour en représenter les différentes parties. Bien entendu, comme il a été indiqué plus haut, que celles qui sont destinées à en montrer ou à en devenir le fond doivent avoir été garnies de cire, ainsi que toute la périphérie du tableau.

Quand l'acide a séjourné à peu près trois minutes, on l'enlève en lavant le marbre six fois environ avec une éponge, puis on enlève la cire, soit en l'approchant du feu, soit avec un instrument quelconque.

Quand le marbre est nettoyé, l'empreinte formée, alors on applique les couleurs, soit avec de l'essence de térébenthine clarifiée, d'huile d'œillette, d'huile grasse, ou de l'eau gommée, etc.; elle s'exécute avec des brosses et divers pinceaux dont se servent les peintres.

Lorsque les couleurs ont été distribuées avec goût et placées avec art, il faut mettre la feuille de marbre dans un séchoir ordinaire disposé pour recevoir une chaleur tempérée propre à sécher convenablement la composition; puis, quand elle a atteint le degré de siccité nécessaire, c'est alors qu'il convient d'appliquer sur le tableau quelques couches de vernis.

A cet effet, l'on commence toujours, au moyen de brosses ou de pinceaux, à donner la première couche de vernis sur les couleurs, puis on la laisse sécher; on passe la pierre ponce pour bien niveler et rouvrir les pores afin que la deuxième couche de vernis y pénètre, et ainsi de suite pour la troisième et la quatrième.

Quand tout cela est fait, on passe un tampon de laine ou de coton, et l'on cire afin de rendre à la quatrième couche de vernis le poli que la pierre ponce lui avait enlevé.

Pour dorer ou argenter, les procédés sont analogues à ceux qu'exige d'abord la peinture. On peut ainsi obtenir une dorure mate ou brunie selon les substances que l'on emploie.

Dans le premier cas ou pour la dorure mate, il faut remplir les incrustations d'une pâte dite teinte dure, composée de blanc de céruse et d'huile grasse. Après avoir bien étendu la teinte dure dans les incrustations, on passe sur les endroits à dorer ou à argenter un vernis composé de gomme-laque et d'esprit-de-vin; on y applique une couche d'huile grasse dite

mixtion, composée de vieilles huiles et gomme résine, puis on fait sécher, et quand la siccité est arrivée
à un point convenable, on applique la feuille d'or ou
d'argent au moyen d'un putois et l'on vernit comme
il a été expliqué.

Dans le deuxième cas ou pour la dorure brunie,
on remplit les incrustations pratiquées dans certaine
partie de peinture, on dore avec une composition
rouge, connue sous le nom d'assiette à dorer, composée de blanc d'Espagne et de colle de peau ; à cet
effet on donne trois couches de teinte rouge sur
les incrustations, on aplanit convenablement et on
mouille simplement.

VITRAUX-MANOTYPES

ou

L'ART DE DÉCORER SOI-MÊME LE VERRE.

Plusieurs procédés sont depuis longtemps en vigueur pour imiter les vitraux peints. Ces procédés sont loin d'être satisfaisants, soit comme durée, soit comme propreté, puis n'offrent aucune solidité.

J'offre aujourd'hui au public une nouvelle méthode de décorer soi-même ses vitres, sans avoir recours au découpage ni au collage qui empêchent de nettoyer les carreaux décorés par ces différents systèmes.

J'ai voulu faire connaître à tous et mettre à la portée de tous la décoration des verres à vitres avec toute l'illusion des vitraux émaillés sans en avoir les embarras et les difficultés.

Voici la manière de procéder, aussi simple que facile : Vous calquez ou dessinez, si vous le savez, sur du papier glacé l'objet que vous voulez reproduire, puis vous le découpez à la manière de la peinture orientale. Lorsque ce travail est fait, vous prenez avec les mêmes pinceaux dont on se sert pour cette peinture de la couleur broyée au vernis copal avec du siccatif, puis vous frottez en tournant le pinceau sur lui-même en ayant soin d'éviter d'en mettre trop sur les bords, ce qui autrement occasionnerait des bavures.

Le papier sur lequel vous devez opérer doit être préparé de la manière suivante :

Vous devez faire fondre de la dextrine dans de l'eau en quantité suffisante pour obtenir une matière gluante que vous étendez sur votre papier, puis le laissez sécher ; maintenant, votre papier imprimé de la façon déjà indiquée, vous l'appliquez sur votre vitre que vous avez eu soin de mouiller faiblement; vous appuyez sur les parties coloriées avec le doigt en mouillant aussi l'envers de votre papier. Lorsque vous jugez que la pression est assez exercée, vous enlevez votre feuille de papier avec soin et la peinture seule reste adhérente au carreau; vous laissez sécher cette peinture, puis, lorsqu'elle est sèche à pouvoir supporter le frottement du doigt, vous lavez et nettoyez votre carreau avec de l'eau simplement, et vous avez une imitation parfaite des vitraux si coûteux et qui ne peuvent prendre place généralement que dans les grands édifices à cause de leur cherté.

Les personnes qui désireraient prendre des leçons pour les articles ci-dessus mentionnés devront s'adresser à M. Deslorges, éditeur, rue Croix-des-Petits-Champs, n. 4.

Paris. — Impr. de Pommeret et Moreau, 42, rue Vavin.

BIBLIOTHÈQUE ARTISTIQUE

à 1 fr. le volume et 1 fr. 30 c. franco.

LA PEINTURE SUR PORCELAINE, procédés de la manufacture de Sèvres.

LA MINIATURE apprise seule.—Un vol. in-8° avec planches d'étude.

LE PAYSAGE ET L'ORNEMENT appris sans maître. — Un volume in-8° orné de planches d'étude.

LE PASTEL appris sans maître.—Un vol. in-8° orné de planches d'étude.

LE DESSIN appris sans maître. — Un vol. in-8° avec planches d'étude.

LA PEINTURE A L'HUILE apprise sans maître. — Un vol. in-8° avec planches d'études.

L'AQUARELLE apprise sans maître. — Un vol. in-8° orné de planches d'étude.

LE MODELAGE appris sans maître.—Un volume in-8° orné de planches d'étude

TRAITÉ DE COLORIS appris sans maître.

PEINTURE SUR PAPIER DE RIZ apprise sans maître.—Un vol. avec planches d'étude.

MANUEL artistique et industriel contenant les Traités de DESSIN industriel, de Morphographie, des Ombres, Hachures et Estompes, de Géométrie, etc., avec 22 planches d'étude.

TRAITÉ DE TAXIDERMIE, ou l'Art de mégir, de parcheminer, d'empailler, de monter les peaux de tous les animaux, de prendre, préparer et conserver les Papillons et autres Insectes, précédé des procédés Gannal.—4° édition.

MANUEL DU CHANTEUR, PHYSIOLOGIE du CHANT, par Stephen de la Madeleine, ex-Récitant de la Chapelle royale. — Un volume.

LE BONHEUR DANS LA FAMILLE, ou l'Art d'être heureux dans toutes les positions de la vie, suivies de Traités d'utilité et d'agrément avec planches d'étude.

MANUEL DU SAVOIR-VIVRE, ou l'Art de se conduire selon les convenances et les usages du monde, dans toutes les circonstances de la vie et dans les diverses régions de la Société.

MANUEL HYGIÉNIQUE DES BAIGNEURS, emploi raisonné des bains chauds, froids, de vapeur, simples, composés et de mer; des Eaux thermales de France et de l'Etranger, leurs propriétés curatives et les saisons spéciales de chaque source, etc. 2° édition.

MANUEL DU COMMERÇANT, Tenue des Livres en partie double et simple.

DEVOIRS DES ENFANTS ET DES JEUNES GENS, par P. Vattier. Un vol. in-12.

TRAITÉ DE LA PATINOTECHNIE, ou l'Art de patiner, par A. Covilbeaux, professeur attaché à l'Instruction publique. Un vol. grand in-18, orné de 15 belles lithographies.

LE DUEL DU CURÉ, charmante nouvelle tirée d'un épisode de 1848, par M. Déchastelus. Un vol. grand in-18.

PEINTURE LITHOCHROMIQUE, ou Imitations sur toile, et l'Art de donner aux objets dessinés au crayon, à l'estompe, aux lithographies, gravures, etc., l'apparence d'une jolie peinture à l'huile, suivie des procédés pour peindre et décalquer sur le bois et les écrans et d'obtenir, avec un petit nombre de couleurs, toute espèces de nuances. 5° édit., 75 c.

PEINTURE ORIENTALE, ou l'Art de peindre sur papier, mousseline, velours, bois, etc., et de décalquer sur verre, suivie de la Peinture sur porcelaine, sur verre et sur cristaux, 3° édition, grand in-18. 75 c.

L'ART de faire en **PHOTOGRAPHIE** des miniatures d'une ressemblance parfaite sans savoir ni peindre ni dessiner, par Pinot. 1 vol. in-8. Prix, 6 fr.

Paris. — Imprimerie de Pommeret et Moreau, 42, rue Vavin.